Y0-ALD-452

RARITAN PUBLIC LIBRARY
54 E. SOMERSET STREET
RARITAN, NJ 08869
908-725-0413
6/11

Who Taught Time to Fly!
*
¡Quién enseñó a volar al Tiempo!

Todd-Michael St. Pierre

Illustrations * Ilustraciones
John Shamburger

Copyright © 2010, Todd-Michael St. Pierre
Illustrations, Copyright © 2010, John Shamburger
Spanish translation, Professor Ariel Barría Alvarado

808.0683
    St1   St Pierre, Todd-Michael
                Who taught Time to Fly = Quién enseñó a volar al tiempo / Todd-Michael St. Pierre ; Illustrator John Shamburger ; Translator Ariel Barría Alvarado.
                – Editorial Piggy Press, 2010.
                36p. ; 21 cm.

                ISBN 978-9962-629-91-7 (hard cover)
                ISBN 978-9962-629-90-0 (soft cover)

        1. CHILDREN'S LITERATURE
        2. CHILDREN'S STORIES   I. Title.

        Piggy Press Books
        info@piggypress.com
        www.piggypress.com

For the children of Earth,
among the brightest and most remarkable children in the universe!
And also for Angela,
who so dearly loved this story about Time and Who!
Love, T-M

For Dawn, who believed in me, when no one else did.
J.S.

Para los niños de la Tierra,
¡quienes son los más geniales y excepcionales del universo!
También para Angela,
¡por haber apreciado tanto este cuento sobre el Tiempo y Quién!
Cariñosamente, T-M

Para Dawn, quien creyó en mí cuando los demás se negaron en hacerlo.
J.S.

A long, long time ago, they say
Out somewhere many moons away,
Aurora planned this world we know,
With outstretched arms, with eyes aglow.

In a galaxy so sublime,
Time was born, once upon a time.

Dicen que fue hace mucho, mucho tiempo
En un lugar a varias lunas de aquí,
Aurora planificó el mundo que conocemos
Con los brazos abiertos, con ojos fulgurantes.

En una galaxia tan sublime,
Nació el Tiempo, cierta vez.

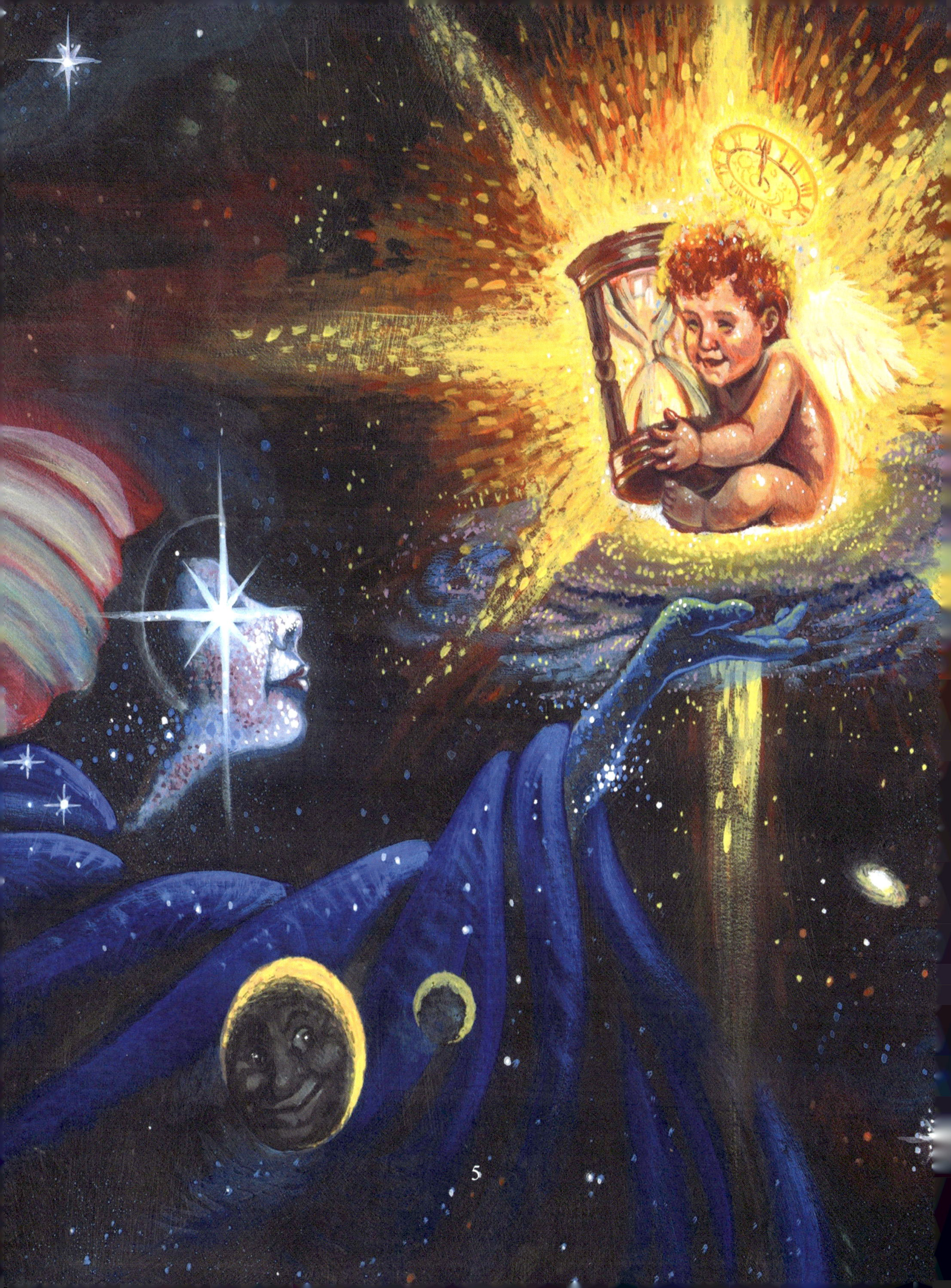

6

Before a single human birth,
Before dinosaurs roamed the Earth.
Before Asia or Great Britain,
In the book of ALL, it is written…

The subject Time, did sigh and cry,
For Time did not know how to fly.

Antes de que naciera el primer ser humano
Antes de que los dinosaurios vagaran por la Tierra
Antes de Asia o de Gran Bretaña.
En el libro de TODO estaba escrito…

El Tiempo suspiraba y lloraba
Porque no sabía cómo volar.

Poor Time, he had no place to go,
No up above, no down below.
So he was sent to Earth, it's told,
And that's where Time met Who, the old.

A Great gray owl, who some call Who
Befriended Time when Time was new.

Pobre Tiempo, él no tenía dónde ir,
Ni arriba, ni abajo,
Por lo que se cuenta que fue enviado a la Tierra,
Y allí conoció a Quién, el Viejo.

Un gran búho gris, al que llamaban Quién
Se hizo amigo del joven Tiempo.

9

Who, oh, Who was the Prince of Flight,
Since East was West and Day was Night.
Who was Who, the Keeper of the Skies,
Yes, Who, the Old, was Who the Wise.

Aurora from her throne on high,
Commanded, "Who, teach Time to fly!"

Quién era el Príncipe del Vuelo
Del Este al Oeste, de día y de noche,
Quién era Quién, guardián de los cielos.
Sí, Quién el Viejo era Quién el Sabio.

Aurora, desde su trono en lo alto,
Ordenó "¡Quién, enseña a volar al Tiempo!"

"Take Time, make Time, daytime, nighttime
No doubt, this Time is the right Time.
There's no Time, like the Time at hand,
Time's precious, you must understand!
Save Time, keep Time, run behind Time,
It's your job to help Time find Time."

So Who taught Time to fly, he did,
Back when Time was just a kid.

—Toma Tiempo, haz Tiempo, de día, de noche
Sin duda, este es el momento justo.
No hay Tiempo que perder,
El Tiempo es precioso, ¡tú lo entiendes!
Cuida al Tiempo, corre detrás de él,
Es trabajo tuyo ayudar al Tiempo a encontrar Tiempo.

Así pues, Quién enseñó a volar al Tiempo,
Haciéndolo volver a cuando era un niño.

"Above the clouds, you must now climb.
Have faith," said Who. "All things in Time,
Reach deep inside, resist all doubt,
Turn within, you are not without.

"A thousand words will not make sense
Till you obtain self-confidence.
Just one more time, Time, flap your wings.
It's time to reach for higher things."

Time tried again without success
And said, "It's just too hard, I guess."
But Who kept pushing Time along
With ancient words of rhyme and song...

—Sobre las nubes, tienes que subir.
Ten fe —dijo Quién—, todo a su Tiempo.
Ve a lo más profundo, resiste sin dudar,
Entra, no estás solo.

—Mil palabras no tendrán sentido
Hasta que tengas confianza en ti mismo.
Sólo una vez más, Tiempo, abre tus alas,
Es hora de alcanzar las más altas metas.

El Tiempo volvió a intentarlo, sin éxito
Y dijo —Creo que es muy difícil.
Pero Quién siguió empujando al Tiempo
Con versos de antiguas canciones…

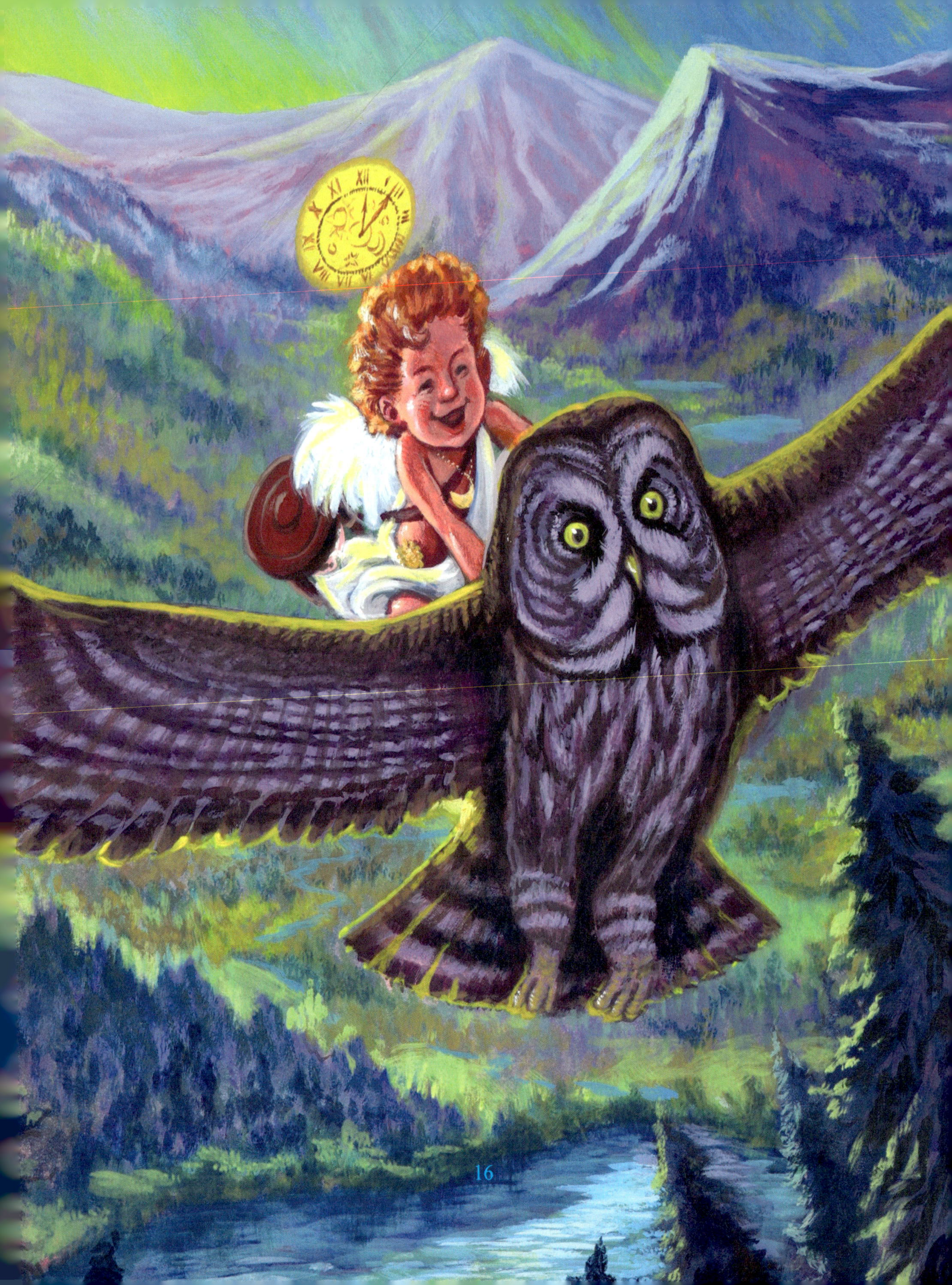

"Inside you there are countless dreams,
The highest hills, the widest streams,
The moon at noon, the midnight sun,
A time to shine for everyone.
Inside you there are worlds unseen,
The bluest blue, the greenest green.
It's about Time; it's about you,
The oldest old, the newest new.
Within us all, within us all."

"Dentro de ti hay innumerables sueños,
Las colinas más altas, las corrientes más anchas.
La luna a mediodía, el sol de medianoche,
Es hora de brillar para todos.
Dentro de ti hay mundos jamás vistos,
El azul más azul, el verde más verde.
Se trata del Tiempo, se trata de ti,
Lo más viejo, lo más nuevo.
Dentro de todos, dentro de todos nosotros.

18

Time and again, Time rose and fell.
Would he learn? Only Time would tell.

Una y otra vez, el Tiempo se levantaba y caía.
¿Aprenderá? Solo el Tiempo lo dirá.

20

Who took Time up to Mount Summit,
"Time to fly, you can't keep from it.
Time to fly, or else you'll plummet."

"Trust your instinct, think HIGH, think SKY,
Now is the time for Time to fly."

Quién llevó el Tiempo a la cima de la montaña,
—Es hora de volar, no puedes evitarlo.
Es hora de volar, o caerás.

—Confía en tu instinto, piensa ALTO, piensa en el CIELO,
Es hora de que el Tiempo vuele.

And Who was right, Time flew and flew,
"AMAZING!" cried a happy Who.

Y Quién tenía razón, el Tiempo voló, voló
—¡INCREIBLE! —exclamó Quién, feliz.

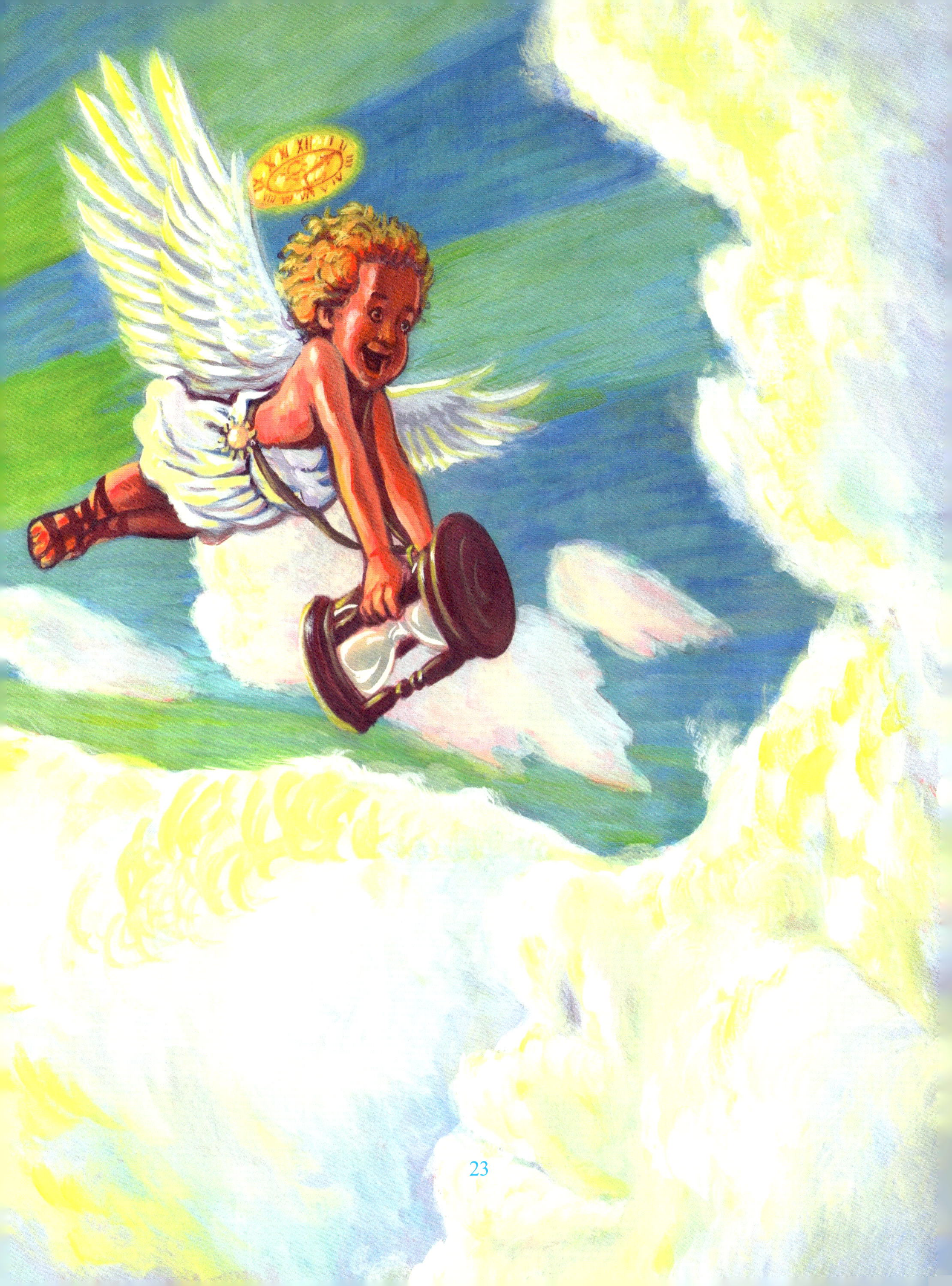

Time circled the purple mountains,
Far above the forest fountains,
Above the clouds his wings did climb,
Soaring just in the nick of time.

He whirled, he twirled through turquoise skies.
"Time's up," thought Who, "at last he flies."

El Tiempo sobrevoló las montañas púrpura,
Más allá de las fuentes del bosque,
Por arriba de las nubes subieron sus alas,
Alzando el vuelo en el momento preciso.

Hizo piruetas, giró por los cielos turquesa
—Justo a tiempo —pensó Quién—, al fin vuela.

And then Who turned his wise gray head,
Repeating these twelve words he said...

"Reach deep inside, resist all doubt
Turn within, you are not without."

Entonces Quién volteó su sabia cabeza gris,
Repitiendo estas doce palabras:

—Ve a lo más profundo, resiste sin dudar,
Entra, no estás solo.

Aurora smiled and Time smiled too.
Together they said, "Thank you, Who!"
Aurora whispered, "Job well done."
Then Time flew off beyond the sun.

Aurora sonrió y también el Tiempo,
Juntos dijeron, ¡Gracias, Quién!
Aurora susurró —Bien hecho.
Entonces el Tiempo voló más allá del sol.

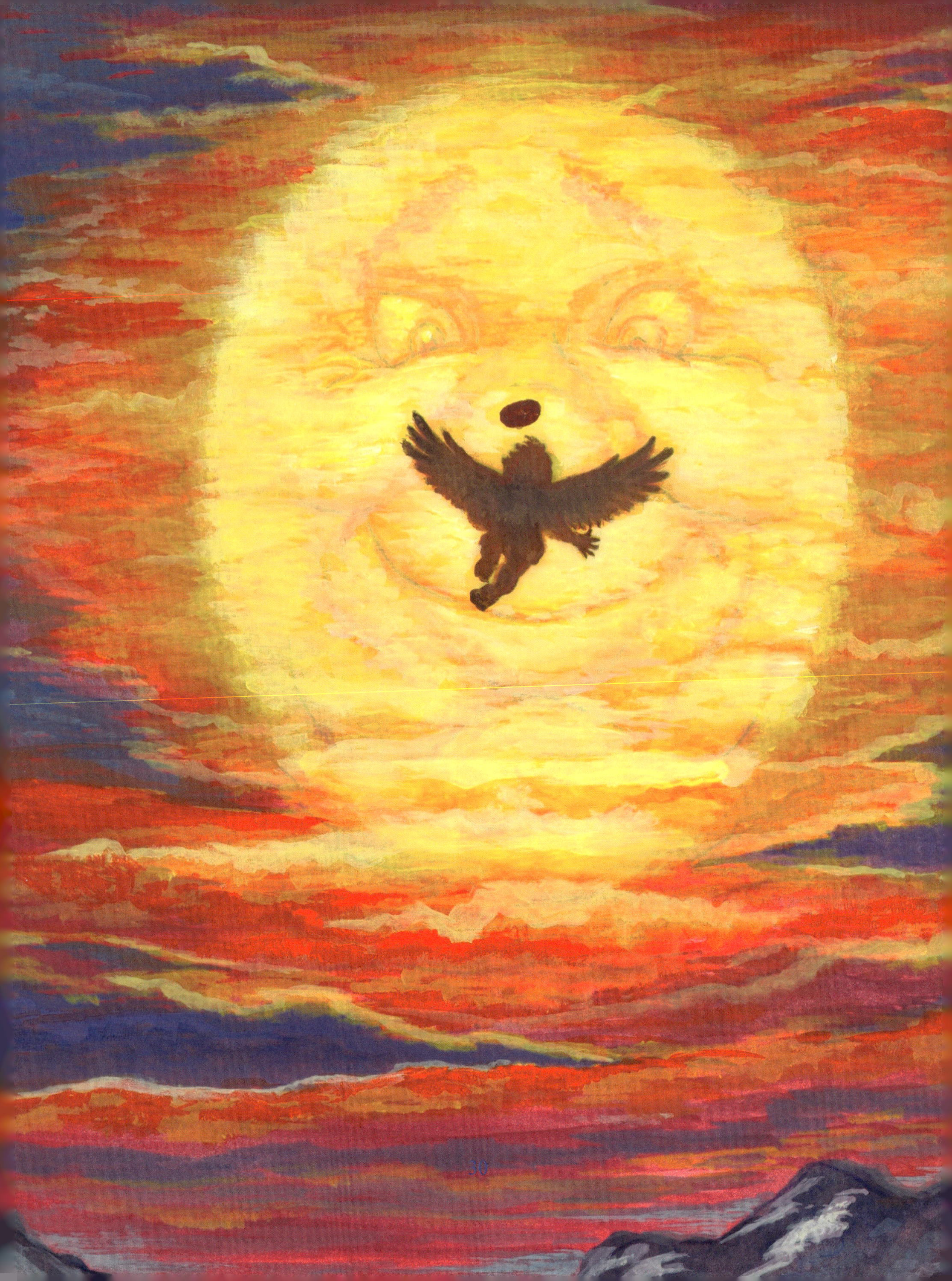

Yes, Who taught Time to fly, he did,
Back when Time was just a kid.

Sí, Quién enseñó a volar al Tiempo,
Cuando el Tiempo era un tan solo un niño.

TIME FLIES

He spreads his wings, and hums a tune,
Beyond the mountains of the moon,
To the other side of the sun,
Time flies when he's having fun.
Ever since Who taught Time to fly,
He just won't stop and Who knows why!
It seems his job is never done,
Time flies when he's having fun.
Changing seasons from warm to cold,
Turning people from young to old.
Rain still falls and rivers run,
And Time flies when he's having fun.

The End!
(Or just the Beginning?)

EL TIEMPO VUELA

Extiende sus alas, y tararea una melodía,
Más allá de las montañas de la luna,
Al otro lado del sol,
El tiempo vuela cuando se está divirtiendo.
Desde que Quién enseñó a volar al Tiempo,
él ya no se detiene ¡y Quién sabe por qué!
Parece que su trabajo nunca termina,
El tiempo vuela cuando se está divirtiendo.
Cambiando estaciones de calor a frío,
Volviendo vieja a la gente joven.
La lluvia sigue cayendo, los ríos corren,
Y el Tiempo vuela cuando se está divirtiendo.

¡Fin!
(¿O sólo el principio?)

The Illustrator * El ilustrador

John Shamburger is an illustrator and fine artist residing in northwestern Massachusetts. He holds an Associates Degree from the Art Institute of Houston and a MFA in Scenography from the University of North Carolina at Greensboro. When not working, John enjoys drawing and painting imaginative fantasy and hanging out in bookstores with his wife and daughter.

John Shamburger es ilustrador y creativo en bellas artes quien reside en el noroeste del estado de Massachusetts, EE.UU. Tiene un técnico en artes del Art Institute de Houston y una maestría en Bellas Artes con especialización en Escenografía de la University of North Carolina en Greensboro, EE.UU. Cuando no está ocupado con sus obras, John disfruta el dibujo y pintura de fantasía imaginativa y visitando librerías junto con su esposa e hija.

The Author * El autor

Todd-Michael St. Pierre is the author of several children's books, including *The Crawfish Family Band, Knee-high to a Grasshopper, Makin' Groceries: A New Orleans Tribute & Nola & Roux: The Creole Mouse and The Cajun Mouse*! He is also the author of such popular cookbooks as *Jambalaya, Crawfish Pie, Filé Gumbo* and *A Streetcar Named Delicious*. He is a proud native of south Louisiana, who now lives in Boulder, Colorado! Read more about Todd-Michael and his books at www.LouisianaBoy.com.

Todd-Michael St. Pierre es el autor de varios libros infantiles, incluida *The Crawfish Family Band, Apenas un renacuajo, Makin' Groceries: A New Orleans Tribute* y *Nola & Roux: La ratoncita criolla y el ratoncito cajun!* Él es también el autor de libros de cocina popular como *Jambalaya, Crawfish Pie, Filé Gumbo* y *A Streetcar Named Delicious*. Él es un natural orgullo del sur de Luisiana, que ahora vive en Boulder, Colorado. Lea más acerca de Todd-Michael y sus libros en www.LouisianaBoy.com.

Author's Notes

The Goddess Aurora is known as the Roman goddess of dawn and new beginnings. I chose her because I thought she fit well with the idea of The Dawn of Time and because she is often portrayed as a motherly figure. Aurora has two siblings: a brother, the sun; and a sister, the moon.

I chose a Roman child to depict Time instead of a flying clock and other such things. Time is the Roman child of the Roman Goddess, Aurora.

I used the nickname "Who" because Who's real name, Whogongoozlerificabilousgraypanjandrumabellotuudanantattapuss, is rather long and difficult for mere mortals to pronounce, and because it simply has far too many syllables for the poetic format of this story!

You may want to check out books about the aurora borealis or aurora australis (northern or southern lights) at your local library.

Notas del autor

La diosa Aurora se le conoce como la diosa romana del amanecer y el renacer. La escogí porque sentí que encajaba bien con la filosofía del despertar de la humanidad. Y porque a menudo, es retratada como una figura maternal. Tiene dos hermanos: su hermano, Sol; y su hermana, Luna.

Elegí el personaje de un niño romano para representar la figura del Tiempo en lugar de un reloj volador u otras figuraciones y rarezas. El Tiempo es el hijo de la diosa, Aurora.

Como apodo le puse "Quién", porque el nombre completo de Quién es Quiéngongoozlerificabilousgraypanjandrumabellotuudanantattapuss. Obviamente es un nombre bastante largo y difícil de pronunciar para nosotros los mortales, y sencillamente porque itiene demasiadas sílabas para el formato poético de esta historia!

Si quieres averiguar más sobre la aurora boreal o la aurora austral (luces del norte o del sur), acércate a tu biblioteca local donde podrás encontrar libros sobre este tema.

Piggy Press Books
info@piggypress.com
www.piggypress.com